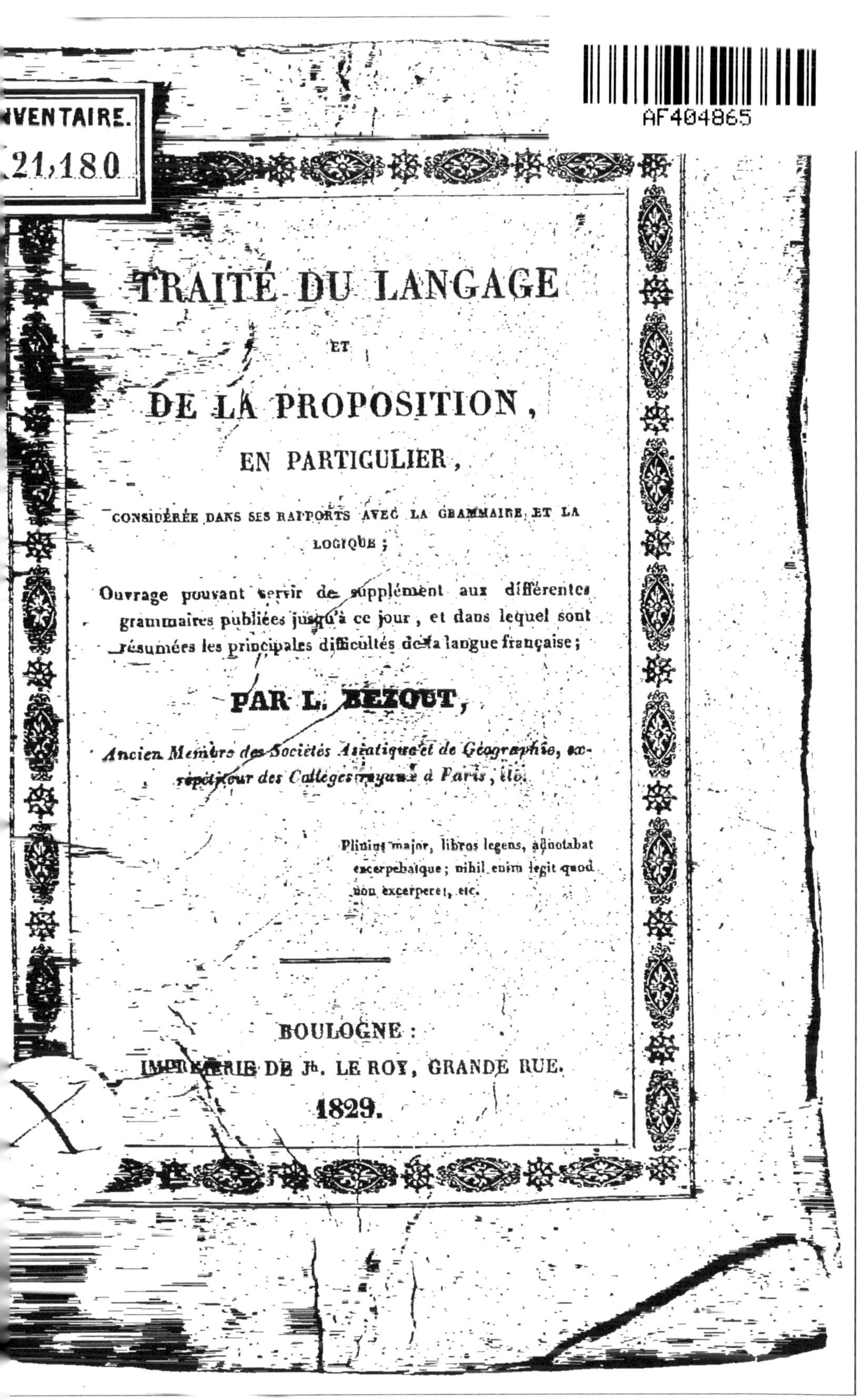

TRAITÉ DU LANGAGE

ET

DE LA PROPOSITION,

EN PARTICULIER,

CONSIDÉRÉE DANS SES RAPPORTS AVEC LA GRAMMAIRE ET LA LOGIQUE ;

Ouvrage pouvant servir de supplément aux différentes grammaires publiées jusqu'à ce jour, et dans lequel sont résumées les principales difficultés de la langue française ;

PAR L. BEZOUT,

Ancien Membre des Sociétés Asiatique et de Géographie, ex-répétiteur des Collèges royaux à Paris, etc.

Plinius major, libros legens, adnotabat
excerpebatque ; nihil enim legit quod
non excerperet, etc.

BOULOGNE :

IMPRIMERIE DE Jh. LE ROY, GRANDE RUE.

1829.

TRAITÉ DU LANGAGE

ET

DE LA PROPOSITION,

EN PARTICULIER.

TRAITÉ DU LANGAGE

ET

DE LA PROPOSITION,

EN PARTICULIER,

CONSIDÉRÉE DANS SES RAPPORTS AVEC LA GRAMMAIRE ET LA LOGIQUE ;

Ouvrage pouvant servir de supplément aux différentes Grammaires publiées jusqu'à ce jour, et dans lequel sont résumées les principales difficultés de la langue française ;

PAR L. BEZOUT,

Ancien Membre des Sociétés Asiatique et de Géographie, ex-répétiteur des Collèges royaux à Paris, etc.

Plinius major, libros legens, adnotabat excerpebatque; nihil enim legit quod non excerperet, etc.

SE VEND

A PARIS et A LONDRES,	chez DONDEY-DUPRÉ père et fils, libraires de la Société Asiatique, n° 47 (bis), rue de Richelieu ; chez TREUTTEL et WURTZ, N° 30, Soho-Square.

A MISS

LOUISA - ANN CAMPBELL,

De Mount-Harrow,

DANS LE COMTÉ DE MIDDLESEX.

Cet ouvrage a été dédié et offert comme un faible témoignage de la vénération et des profonds respects

De son très-humble et très-obéissant
serviteur,

LÉON BEZOUT.

TRAITÉ DU LANGAGE

ET

DE LA PROPOSITION

EN PARTICULIER.

Le terme *langage*, dit Batteux, signifie en général tous les moyens que nous avons de communiquer nos pensées, nos sentimens ou nos jugemens.

Or, ces moyens sont au nombre de deux : le *geste* et les sons articulés que nous appelons *mots*.

L'expression par le geste a reçu le nom de *langage d'action*, et celle par les sons articulés a été nommée *langage de la parole*, ou simplement *parole*.

Il n'en est pas du premier de ces deux langages comme du second. Celui-ci nous est inspiré, à la vérité, par la nature : il peut être perfectionné par l'art, mais au fond il demeure presque toujours le même. Au contraire, le langage de la parole dépend beaucoup des conventions des hommes ; de là tant de *langages*, de *dialectes*, d'*idiomes* et de *patois*.

Au reste, le langage d'action est ou devient bientôt insuffisant ; et, pour peu que les idées soient multipliées, il ne saurait plus former assez de signes pour les rendre : c'est ce qui a fait une nécessité à tous les hommes de recourir au langage de la parole. Il n'est pas de peuplade si petite, si sauvage, qui n'emploie ce moyen d'exprimer sa pensée.

(1) Chez l'homme de la nature la parole n'est encore qu'une faculté et non un art. Un enfant, séquestré de la société en naissant, et privé de toute communication avec ses semblables, n'exprimerait ses sensations et ses idées que par des cris comme les animaux. Il résulte de là que nous apprenons à parler comme nous apprenons à bien parler. La parole est donc, comme tous les arts, le produit de l'industrie humaine.

____

(1) Sicard.

(2) Un art, en général, est un assemblage ou collection de *règles* qui nous enseignent à bien faire ce qui peut être fait bien ou mal.

Par règles, on entend certains principes généraux tirés d'observations plusieurs fois répétées et toujours vérifiées par la répétition.

Ainsi, on a observé qu'un orateur indisposait ses auditeurs, lorsqu'en commençant il montrait de l'affectation, de l'orgueil ; (on en a tiré la *règle générale*, qui veut que tout début soit modeste.

La même règle a été consacrée par Horace, et postérieurement par Boileau, dans son *Art poétique.*

L'origine des arts est presque aussi ancienne que celle de l'homme ; car c'est le besoin qui les a tous produits :

Magister artis ingeniique largitor

Venter. . . . . (3).

Mais nous éprouvons trois sortes de besoins qui naissent naturellement les uns des autres : *le besoin de l'absolu nécessaire*, *le besoin du commode*, *et celui du plaisir.*

---

(2) Batteux.

(3) Perse.

De là trois espèces d'arts: *les arts méca-niques* pour la première espèce de besoin; *les arts mixtes* pour la seconde et *les beaux-arts* ou *les arts agréables* pour la troisième.

L'art de la parole considéré comme mixte et comme agréable appartient à la *Rhétorique*, et comme purement mécanique il est l'objet de la *Grammaire*, qu'on définit l'art de parler et d'écrire d'une manière correcte.

Grammaire vient du grec *gramma* (lettre). Ce mot provient de ce que les parties du discours ou les mots (1) étant composés de syllabes et les syllabes de lettres, les Grammairiens ont considéré les lettres comme les premiers matériaux du langage.

Tous les mots dont on fait usage dans la langue parlée ou écrite, sont les signes de nos idées et par suite de nos pensées, de nos sentimens ou jugemens.

(2) *Idée* signifie la vue de l'esprit. J'ai vu la

---

(1) Mot vient du latin *motus*, qui peut dériver aussi du grec *mythos* mot, parole. Le latin *motus* signifie mouvement. Les anciens romains regardaient les idées comme les mouvemens de l'âme.

(2) Idée, vient du grec *eidô* ou *idô* (voir.)

nuit dernière une étoile briller dans le ciel. Depuis que le soleil éclaire notre hémisphère, mes yeux ne voient plus cette même étoile, mais mon esprit la voit encore. Ce *souvenir* est une idée.

Penser, sentir et juger, sont trois termes de même valeur. Ainsi, par la dénomination de *pensée*, de *sentiment* ou *jugement*, on doit également entendre cet acte de l'esprit, par lequel, comparant deux idées, il prononce qu'il y a convenance ou disconvenance entre elles:

On appelle *proposition* (1) l'énonciation de la pensée ou du jugement, ou le jugement même exprimé par des mots.

Lorsque j'ai l'idée de *Dieu* et que je pense que la qualité de *bon* convient à Dieu, je forme un jugement. Si je veux faire connaître ce jugement, soit en parlant, soit en écrivant, j'emploierai une proposition.

On distingue toujours trois choses dans une

---

(1) Proposition vient du latin *pro—positio—*de *pro—ponere*, mettre en avant.

La proposition n'est autre chose que la *mise en avant* du jugement.

proposition, savoir : le *sujet*, *l'attribut et le verbe*. 1° On appelle *sujet* ce dont on affirme ou ce dont on nie quelque chose. Ainsi, dans cette proposition *Léonie est charmante*, le mot Léonie est ce qu'on appelle le *sujet* ou *l'objet* du jugement ; 2° *l'attribut* est ce qui est affirmé ou nié du sujet. Ainsi, dans la proposition précédente, le mot *charmante* est l'attribut ; 3° le *verbe* ou la *copule* lie l'attribut au sujet ; c'est le mot qui sert en même temps à affirmer que la qualité exprimée par l'attribut convient ou ne convient pas au sujet.

Toutes les fois que le sujet, l'attribut et le verbe, subissent une modification quelconque, soit par l'emploi de mots surabondans, soit qu'on les confonde dans une même expression ou qu'on les supprime par ellipse, on aura soin, pour les rétablir comme il convient dans la proposition, d'avoir recours à *l'Analyse*.

Voulez-vous acquérir de vraies connaissances, dit Laromiguière, que tout soit détaillé, compté, pesé ? Ce n'est rien voir que voir des masses ; divisez votre objet en différentes parties ; étudiez successivement toutes ses propriétés ; donnez une attention particulière aux

moindres circonstances. Les faits, ainsi long-
temps observés et bien reconnus, laissent
enfin apercevoir leurs vrais rapports , non
pas seulement les rapports de simultanéité,
ou de continuité, ou de simple succession, ou
même de causalité, mais les rapports de géné-
ration , les rapports qui les unissent par les
liens d'une origine commune.

Cette manière de procéder, cette méthode,
la seule qui puisse nous instruire, prend un nom
particulier.

Au lieu de dire en un grand nombre de
mots que « L'esprit décompose un tout en
ses différentes parties pour se faire une idée
distincte de chacune; qu'il compare ces parties
pour découvrir leurs rapports et pour remonter par ce moyen à leur origine , à leur principe ; » On dit d'un seul mot que l'esprit
analyse.

DE LA FORME ET DE LA MATIÈRE
DE LA PROPOSITION.

Le verbe est ce qui constitue la forme de
la Proposition ; de sorte qu'il ne peut pas y

avoir de Proposition sans un verbe exprimé ou sous-entendu.

EXEMPLES :

Les arts sont nécessaires ; le soleil brille ; heureux le sage instruit des lois de l'univers ; aux grands maux les grands remèdes ; le cœur est pour Pyrrhus , et les vœux pour Oreste.

C'est comme s'il y avait : le sage instruit des lois de l'univers *est* heureux ; les grands remèdes *conviennent* aux grands maux ; le cœur est pour Pyrrhus, et les vœux *sont* pour Oreste.

Mais le verbe *abstrait* ou *substantif* ÊTRE , est le seul qui n'exprime que la forme de la proposition. Quant aux verbes *attributifs* ou *concrets*, outre qu'ils contiennent la forme de la proposition, ils expriment aussi l'attribut en tout ou en partie.

EXEMPLES :

La terre tourne ; nous vieillissons.

C'est comme s'il y avait : la terre *est tournant* ; nous *sommes vieillissant.*

Au reste, dit Perrard , il est à remarquer qu'il n'y a que la 3ᵉ personne du singulier du présent de l'indicatif du verbe *être*, qui contienne la forme essentielle de la proposition.

Ainsi, si l'on voulait avoir la forme de la proposition suivante :

Les âmes chéries de Dieu jouiront d'une félicité éternelle,

il faudrait dire :

Les âmes chéries de Dieu est ou *sont* (à l'avenir) *devant jouir* d'une félicité éternelle.

Ce qui constitue la matière de la proposition ce sont ses deux termes, c'est-à-dire son sujet et son attribut.

La proposition, considérée sous le rapport de sa matière, se divise en proposition *simple, complexe* et *composée.*

DE LA PROPOSITION SIMPLE.

La proposition simple est celle dont le sujet et l'attribut sont exprimés par un seul mot.

EXEMPLE :

La grammaire est un art.

L'article, soit *défini,* soit *indéfini,* n'étant autre chose qu'une particule et non un mot, puisqu'il ne représente aucune idée, ne saurait faire partie de la proposition.

On est dans l'usage de remplacer la voyelle de l'article par une apostrophe toutes les fois que le mot qui vient après commence par une voyelle ou une *h* muette.

EXEMPLE :

L'amitié console.

La syllabe de l'article, que l'on confond dans la prononciation avec la première du mot amitié, forme ce qu'on appelle une *élision.*

Toutes les fois qu'il y a retranchement d'un ou de plusieurs mots dans la proposition, celle-ci est dite *elliptique.* Telle est la proposition suivante :

Peuples, *soyez attentifs !*

Le sujet de cette proposition est le pronom (*vous*), sous - entendu par ellipse. Le mot *peuples* ne fait point partie de la proposition, parce que c'est un *compellatif,* un *vocatif,* ou un mot en *apostrophe,* pour indiquer seulement à qui ou à quoi l'on adresse la parole.

On dit que la proposition renferme un *pléonasme,* quand un ou plusieurs mots qui signifient la même chose s'y trouvent répétés.

EXEMPLE :

(*Le temps*) est- (il) beau ?

Ainsi, dans cette proposition, il y a pléonasme du sujet.

On fait assez souvent usage de *lettres*, de
syllabes et de *mots euphoniques* (1), afin de
rendre la prononciation facile et agréable.

Viendra-(t)-elle ?

Dans l'exemple qui précède, le *(t)* n'est
autre chose qu'une *lettre euphonique*.

Le redoublement, c'est-à-dire la rédupli-
cation de la même lettre, a lieu dans plusieurs
mots de notre langue : les verbes *appeler*,
jeter, en offrent une preuve à la première
personne du présent de l'indicatif, qu'on écrit
j'appelle, je jette. Le mot *honneur* prend
une *n* de plus que le verbe *honorer*.

Le retranchement d'une lettre ou d'une
syllabe prend le nom d'*aphérèse* au commencement, de *syncope* au milieu, et d'*apocope*
à la fin du mot.

Exemple :

ci-gît, pour (ici gît); *gaîment*, pour
(gaiement).

Des grand' messes, pour (des grandes messes).

___

(1) Euphonique vient du grec *ev* (bien), et *phoni* (voix
son agréable d'une voix.

Il est bon de noter que l'usage a introduit dans la proposition un très-grand nombre de particules et de mots que l'analyse rejette, parce qu'ils ne sont d'aucune nécessité au sens. Tel est le pronom personnel au commencement de la phrase suivante :

(Il) est un Dieu; ce qui veut dire : *un Dieu est (existant).*

Le mot *(Il)* et tous ceux de ce genre s'appellent *mots explétifs.*

DE LA PROPOSITION COMPLEXE.

La Proposition complexe est celle dont le sujet et l'attribut sont l'un ou l'autre, ou tous deux exprimés par plusieurs mots. Ainsi la proposition suivante est complexe :

Alexandre, fils de Philippe, vainquit Darius à Arbelles.

C'est comme s'il y avait : *Alexandre (qui était) fils de Philippe, vainquit Darius,* etc.

Cette proposition, *qui était fils de Philippe,* est appelée *incidente, accessoire* ou

indirecte, parce qu'on ne l'énonce qu'à l'occasion de la proposition principale, *Alexandre
vainquit Darius*, qui lui a donné naissance.

Une proposition incidente peut elle-même
être l'occasion d'une seconde proposition incidente. EXEMPLE :

Alexandre, *fils de Philippe* , *roi de Ma-
cédoine*, *vainquit*, etc.

Si la proposition incidente n'a d'autre mé-
rite que celui de rendre plus claire et plus
distincte l'idée du sujet, alors on peut la
retrancher, sans que pour cela la proposition
directe change de nature.

Mais si au contraire la proposition incidente
restreint la signification ou l'idée du sujet de
la proposition principale, alors on ne peut
pas la retrancher, parce que celle-ci n'est
vraie qu'autant qu'elle renferme l'incidente.

EXEMPLE :

Tous ceux qui aiment l'étude, s'instruisent.

Les mots qui figurent dans la proposition,
quels qu'en soient le nombre et la nature, se rapportent toujours au sujet et à l'attribut, et,
comme ils servent à en compléter la signification, on les appelle à cause de cela *complémens*.

Exemple :

Le vertueux Socrate enseigna *la philosophie aux Grecs , pendant sa vie.*

Il y a dans la proposition précédente quatre sortes de complémens qui sont représentés par les mots *vertueux, philosophie, aux grecs , pendant sa vie.*

Le premier se nomme complément *modificatif,* le second complément *direct ;* le troisième complément *indirect ;* et le quatrième complément *circonstanciel.*

1° Le complément *modificatif* est celui qui modifie le sujet ou l'attribut. Ainsi, le complément modificatif du sujet Socrate est l'adjectif *vertueux.*

2° On appelle complément *direct* le mot qui complète la signification du verbe attributif ou concret, sans le secours d'aucune préposition. Tel est le mot *philosophie* qui accompagne le verbe attributif et doublement relatif-*enseigna.*

3₀ Le complément *indirect* est celui qui est toujours précédé d'une préposition qui lui sert d'intermède. A qui le vertueux Socrate enseigna-t-il la philosophie ? *Aux Grecs.—* Voilà le complément indirect.

4° **Enfin** on donne le nom de complément *circonstanciel* à tout ce qui sert à exprimer quelque circonstance dépendante du sujet ou du fond de la proposition. Ainsi le complément *pendant sa vie* exprime la circonstance relative au temps pendant lequel Socrate enseigna la philosophie aux Grecs.

Cicéron a renfermé toutes les circonstances dans ce vers technique, dont la traduction est aisée à retenir.

Quis, quid, ubi, quâ vi, quoties, cur, quomodò, quandò.

Ce qui comprend *la personne, la chose, le lieu, les moyens, le nombre, les motifs, la manière, le temps.*

Nous avons dit précédemment que le verbe enseigna était *doublement relatif.* Cette dénomination lui vient du double rapport qu'il a avec un complément direct et un complément indirect.

On nomme verbes *actifs* ou *transitifs* ceux qui marquent l'action du sujet faite sur un mot qui en est le complément direct; et verbes *neutres* ou *intransitifs* ceux qui expriment des actions qui ne passent pas hors du sujet et dont le complément est toujours indirect.

Il y a encore dans le Français des *verbes passifs*, *des verbes pronominaux* ou *réfléchis* et *des verbes impersonnels.*

Les verbes *impersonnels* sont les verbes qui ne se conjuguent que sous la forme de la troisième personne du singulier.

Voici comment Burnouf distingue les verbes *réfléchis*, *passifs* et *actifs* ou *transitifs,* lorsqu'il traite de la voix des verbes, dans sa grammaire Grecque.

Examinons, dit-il, ces trois propositions :

1° L'homme juste *honore* la vertu ;

2° L'homme juste *est honoré* par ses semblables ;

3° L'homme *s'honore* en pratiquant la vertu.

Le sujet de toutes les trois est l'homme ; dans la première (l'homme honore), le sujet fait l'action, il agit ; le verbe est *actif* ou *transitif.*

Dans la seconde *(l'homme est honoré)*, le sujet ne fait pas l'action ; il la reçoit, il l'éprouve, il la souffre ; le verbe est *passif.*

Dans la troisième *(l'homme s'honore)*, le sujet fait l'action et la reçoit tout à la fois. L'action retourne, se réfléchit vers son auteur ; le verbe est *réfléchi.*

On appelle dans un verbe *Racine* ou *Radical* les lettres qui ne varient jamais, et *terminaison* les lettres ou les syllabes qui suivent le radical.

Il y a quatre choses à considérer dans chaque verbe : *les nombres, les personnes, les temps* et *les modes*.

EXEMPLE :

(Nous) *aim er ons.*

La signification d'*aimer* est renfermée dans la racine même du verbe. La terminaison exprime la première personne du nombre pluriel du mode de l'indicatif, et la syllabe qui précède la terminaison indique le rapport d'aimer avec un temps futur ou à venir.

Il est toujours facile, connaissant la racine, la terminaison, et la syllabe qui précède cette dernière, de distinguer dans le verbe ce qu'on appelle *le significatif, le temporatif* et *le personnatif.*

On donne à l'arrangement des mots qui entrent dans la proposition le nom de *construction.*

Si les mots sont placés dans l'ordre analytique de la pensée ou du jugement, la construction prend le nom de *grammaticale* ou *directe* ; si c'est le contraire, alors on dit que la construction est *figurée, indirecte* ou *inverse.*

Dans l'analyse, il faut toujours rétablir les mots dans l'ordre direct et conforme à la pensée, en ayant soin de rejeter tous ceux qui sont superflus, ou de suppléer aux mots qui manquent.

DE LA PROPOSITION COMPOSÉE.

La proposition est *composée* toutes les fois que son sujet ou son attribut, ou même tous deux sont *doubles, triples,* etc. ; en sorte que toute proposition composée en renferme toujours plusieurs qui sont simples. Ainsi quand on dit :

L'Arithmétique, l'Algèbre et *la Géométrie sont des sciences* ; c'est comme si l'on disait : *l'Arithmétique est une science; l'Algèbre est une science,* et *la Géométrie est une science.*

On distingue trois espèces de propositions composées, savoir : la *copulative,* la *condi-*

tionnelle, et la *disjonctive*, qui prennent ces noms des différentes conjonctions dont on se sert pour réunir ou disjoindre leurs membres.

Exemple de ces propositions.

Athènes (et) Sparte étaient deux républiques également célèbres.—(Si) vous fuyez le travail vous serez à charge à vous-même et aux autres.—(ou) Homère qui composa l'Iliade est le plus sublime des poëtes (ou) l'Iliade n'est pas son ouvrage.

Dans la proposition conditionnelle, on donne le nom *d'antécédent* à la partie qui renferme la condition, c. a. d. qui est précédée de la conjonction *si*, et celui de *conséquent* à l'autre.

Toute proposition disjonctive équivaut à une proposition conditionnelle et peut se changer en cette dernière.

EXEMPLE :

Ou l'instruction est inutile, ou elle est profitable;

Or, l'instruction n'est point inutile;
Donc elle est profitable.

C'est la même chose que si l'on disait :

Si l'instruction est profitable, elle n'est point inutile ;

Or, l'instruction n'est point inutile ;
Donc elle est profitable.

ANALYSE

ET APPLICATION DES PRÉCEPTES.

Exemples :

Dieu est bon ;—Il est un Dieu ;—Il y a un Dieu.

La première de ces trois propositions est simple et directe ; la seconde est simple et inverse, et de plus elle renferme une ellipse et un pléonasme. Sa construction grammaticale est celle-ci :

(Il) Un Dieu est (existant).

On voit qu'il y a ellipse de l'attribut *existant*, et que le pronom personnel (*il*) est explétif.

Il y a un Dieu.

Cette 3me proposition s'analysera comme la précédente. Dans ce cas, le verbe imperson-

nel *il y a* se remplace par le verbe *il existe ,*
attendu que le verbe *avoir* y dépose sa signification active pour n'exprimer que l'idée d'existence.

On peut analyser encore de la manière
suivante :

$\left\{\begin{array}{l} \textit{Il} \qquad\qquad \text{sujet indéterminé, indéfini.} \\[4pt] \textit{(y)} \qquad\qquad \rule{4cm}{0.4pt} \\[4pt] \textit{a} (\text{ou } \textit{possède}) \quad \text{verbe actif ou transitif.} \\[4pt] \textit{un} \qquad\qquad \rule{4cm}{0.4pt} \\[4pt] \textit{Dieu ,} \qquad\quad \text{complément direct de l'at-} \end{array}\right.$

but (*ayant* ou *possédant*) renfermé dans le
verbe attributif et actif *a* ou *possède.* (*Y*) lettre
ou particule explétive. (*Un*) article indéfini.

La négation, disent MM. Chapsal et Noël,
se compose de *ne, ne pas, ne point. Ne* est la
plus faible des négations; *ne point* est la plus
forte; *ne pas* tient le milieu.

Nous allons tâcher de suppléer à la négli-
gence de ces grammairiens, en prouvant ce
qu'ils ont avancé, par l'examen des propositions suivantes :

Les pôles de la terre ne sont (pas) habités.
Les pôles de la terre ne sont (point) habités.

Ces deux propositions sont elliptiques; les

expressions *pas* et *point* n'y figurent que par comparaison. Le *point*, en mathématiques, n'ayant aucune étendue, nous devons en inférer que si *les pôles de la terre ne sont peuplés* que comparativement au *point*, ils ne le sont nullement; ce qui est bien moins que l'étendue du *pas*.

La proposition ci-dessous est du même genre que les propositions précédentes :

Je n'en veux mie.

Cela s'gnifie : *Je ne veux (la valeur, la quantité d'une) mie (en) ou (de cela).*

Dans la nature, il n'y a que *substances* et *modifications;* de sorte que tous les mots dont on fait usage se rapportent en général, soit au *substantif* ou *nom*, soit à *l'attribut* ou *modificatif.*

EXEMPLE :

Il est agréable d'aimer.

Au moyen de l'analyse, cette proposition se change en celle-ci :

Aimer est agréable (ou *une chose agréable*).

Si l'on réfléchit à la nature et au mode du verbe aimer, il sera facile de reconnaître que cet *infinitif*, comme *celui* de tous les verbes *attributifs*, équivaut à une proposition entière.

Aimer ou *être aimant ,* signifient à-la-fois l'existence et la manière d'être du sujet indéfini ou indéterminé *soi,* sous-entendu par ellipse.

AUTRE EXEMPLE :

Il est honteux de mentir et de médire.

Cette proposition diffère de la précédente en ce qu'elle est *complexe* et *composée* en même temps , parce que son sujet, représenté par les deux infinitifs *mentir* et *médire ,* est double.

MENTIR et MÉDIRE.	Ou bien *soit être.*	MENTANT et MÉDISANT.	*(Cela) est honteux.*

On voit, d'après les exemples que nous venons de donner, que le pronom *(il)*, ainsi que la préposition *(de)* qui accompagne les verbes sont autant de mots *explétifs*, puisque l'analyse les rejette. Le verbe *(est)* dans la dernière proposition conserve la forme du singulier malgré son double sujet *mentir et médire ,* parce qu'on peut rendre l'idée de ces deux verbes par une expression *collective* telle que le pronom indéterminé *cela.*

Plusieurs exemples de la proposition , dans lesquels le verbe conserve la forme du singulier lorsque son sujet est un nominatif pluriel et vice et versâ, sont communs à beaucoup de langues étrangères.

Les Grecs disent :

(Ta zóa trekhei) les animaux court.

Et les latins

(Turba ruunt) la foule se précipitent.

Ces propositions en grec et en latin pourraient s'analyser comme dans le français.

EXEMPLE :

Les animaux court, *c. a. d.* les animaux sont cela, une chose qui court.

La foule est cela, *c. a. d.* des gens qui se précipitent.

Nous ne croyons pas devoir étendre notre travail au point d'analyser toutes les propositions qui présentent quelques difficultés. La série des exemples que nous allons donner fournira des notions suffisantes pour rendre facile l'analyse d'une proposition quelconque.

I.

(De) beaux fruits
(Des) fruits nouveaux } nous ont été envoyés.

Construction........ ont été envoyés (à) nous
Les mots *(de)* et *(des)* occupent la place des

adjectifs *partitifs quelques, certains , plu-sieurs.*

II.

(Ce) discours est éloquent.
(C') est un éloquent discours.

(Ce) dans la première proposition est un *adjectif démonstratif*, et si l'on veut par-tager l'avis de **M.** *le baron Sylvestre de Sacy*, le mot (ce) sera simplement un *article déterminatif.*

Le mot (c') ou (ce) pour *ceci* ou *cela;— cette chose-ci , cette chose-là* , qui précède le verbe dans la seconde proposition, est un pro-nom démonstratif.

III.

Ce sont des méchants , des pervers.

CONSTRUCTION.
{
Ce sont des (hommes) mé-chants , des hommes per-vers.
Des hommes (méchants), des (hommes) pervers sont ce (ou cela).
}

On voit par cette double construction que la proposition précédente est *réciproque*, parce que ses deux *termes* ayant précisément la même étendue, il est indifférent de prendre l'un ou l'autre pour sujet ou pour attribut.

L'article *contracte* ou *composé (des)* y tient lieu d'adjectif partitif;—et nous avons suppléé au substantif (hommes) qui était retranché par ellipse.

IV.

Vous parlez magnifiquement.

Analyse :

Vous êtes parlant,—magnifiquement ou *(avec magnificence.)*

Ou bien { *magnifique est ment.* le *mode.* ou *la manière* (dont vous parlez), }

V.

Je vous le dis, naïvement.

Construction et analyse :

Je dis le (ou cela) (à) vous, naïvement, ou *(avec naïveté.)*

Ou bien { *naïve est ment* le *mode.* ou *la manière* (dont je vous le dis). }

Le verbe *dis* est doublement relatif. Son complément direct est l'article *le* faisant les fonctions du pronom *(ceci ou cela)*, pour *(cette*

chose-ci , cette chose-là). Le pronom personnel *vous* en est le complément indirect, parce
qu'il est précédé de la préposition *à*, qu'on
rétablit dans l'analyse à cause de l'ellipse.
Le complément *circonstanciel* ou l'adverbe
naïvement , et tous les mots de ce genre ,
comme on le voit, équivalent à des propositions entières.

VI.

Il est parti volontaire.

L'adjectif *volontaire* tient lieu , dans cette
proposition, de l'adverbe *volontairement.*

Dans les exemples ci-après les adjectifs *tout,*
quelque , tous deux, sont également employés
comme adverbes.

Il est (*tout*) *à son ouvrage.* C'est-à-dire
il est (*entièrement*), etc.

(*Quelque*)*habile que vous soyez.* C'est-à-
dire *pour* (*aussi* ou *autant*).

Ils vont (*tous deux*) *à la chasse.* C'est-à-
dire *ils vont* (*ensemble*)*,* etc.

Il n'en est pas de même des expressions
l'un et l'autre , les uns et les autres , et *l'un*
l'autre , les uns les autres. Les premières
éveillent simplement une idée de *pluralité,*

et les secondes ajoutent à cette idée celle de *réciprocité.* Ainsi, nous dirons des Carthaginois et des Romains : (*les uns et les autres*) *étaient également puissans ; ils cherchaient à se détruire* (*les uns les autres*).

VII.

DU PARTICIPE ET DE L'ADJECTIF VERBAL.

1° Le *Participe* est un mot ainsi appelé parce qu'il tient à-la-fois de l'adjectif et du verbe. Il tient de l'adjectif en ce qu'il sert à qualifier un substantif ou nom avec lequel il s'accorde en genre et en nombre.

EXEMPLE :

Une personne (*aimante*) *a plus de jouissance qu'une autre.*

2o Le participe tient du verbe en ce qu'il marque un temps, et que sa forme est, en quelque façon, celle du verbe lui-même.

EXEMPLE :

Une personne (*aimant*) *tout le monde a le cœur banal.*

(*Aimant*) est ici un véritable *participe présent,* parce qu'il marque une action faite par le sujet dans un temps présent, et qu'il reste invariable. C'est comme si l'on disait : *une personne* (*qui est aimant* ou *qui aime*, etc.)

Dans tous les cas où le participe sert *d'attribut* à quelque proposition, comme dans le premier exemple, alors il prend le nom *d'adjectif verbal*, et doit s'accorder en genre et en nombre avec le substantif ou nom qu'il qualifie.

VIII.

DU PARTICIPE PASSÉ.

Ce participe, suivi ou précédé du verbe *être*, s'accorde avec le sujet.

Exemples :

La vertu obscure est souvent (méprisée).

Quand il vit l'urne où étaient (renfermées) les (cendres) d'Hippias, il versa un torrent de larmes.

Le participe passé accompagné du verbe *avoir* s'accorde avec son complément direct, lorsqu'il en est précédé, et reste invariable quand le complément suit le participe, ou qu'il n'y en a pas.

Exemples :

La femme que j'ai (vu) peindre par Girodet.

Je l'ai (vue) aussi peindre d'après ce grand peintre.

Dans la première proposition le participe est invariable (*j'ai vu , quoi?*) *peindre ,* etc.

Le participe, dans la seconde, doit s'accorder en genre et en nombre avec le pronom *l'* ou (*la*), parce que ce complément direct précède le verbe *avoir.* (*J'ai vu , quoi ?—(elle*), pour (*l'* ou *la*), *peindre , peignant , qui peignait ,* etc.

Elle s'est (proposée) comme maîtresse de piano.

Elle s'est (proposé) d'enseigner comme maîtresse.

Ces propositions doivent être ainsi construites, dans l'analyse, pour reconnaître pourquoi le participe s'accorde dans l'une et ne s'accorde pas dans l'autre avec le pronom *s'*— (*se* ou *soi*).

Elle s'est (proposée) comme , etc. C'est-à-dire *elle a proposé elle ,* etc.

Elle s'est (proposé d'enseigner) etc. Ici *elle ne s'est pas proposée , mais elle a proposé d'enseigner* comme, etc.

IX.

Les pronoms français *qui* et *que* sont en même temps relatifs et conjonctifs. Dérivés du latin *quis*, *quæ*, *quid*, mots formés de la conjonction *(que)* et des pronoms *is, ea, id*, la véritable signfication, 1° du *qui*, sera :

(Et celui-ci, — *et ceux-ci*, — *et celle-ci*, — *et celles-ci)*;

Ou bien : *(et celui-là*, — *et ceux-là*, — *et celle-là*, — *et celles-là)*.

2° Et celle du *que* :

(Et ceci, ou *et cela)*; — ou bien : *(et cette chose-ci*, — *et cette chose-là*, — *et ces choses-ci*, — *et ces choses-là)*.

Le *qui* et le *que*, comme on le sait, restent invariables, tant au pluriel qu'au singulier.

Rufus, *(qui) méla la rage à l'imprudence devant Thémis*, *accusa l'innocence.*

Construction : *Rufus accusa l'innocence devant Thémis*, *(qui)* ou bien : *(et celui-là) méla la rage à l'imprudence.*

(Que) vous étes bonne et aimable !

Construction : *Vous étes bonne et aimable (que)*, *et* on ne peut répéter assez — *cela !*

(Que) le ciel comble vos vœux !

Construction : *Le ciel comble vos vœux (que) et je désire cela)* !

X.

Il existe dans le français une infinité de particules dont l'origine et les mots d'où elles dérivent ont besoin d'être connus, lorsqu'on veut rendre l'analyse de la proposition complète.

(Si) vous lisiez beaucoup, vous apprendriez beaucoup de choses.

(Si) vient du latin *sit* (qu'il soit), troisième personne du singulier du subjonctif du verbe abstrait ou auxiliaire (*esse—être*).

Nous pourrions donc analyser ainsi la proposition qui précède : *Je suppose (qu'il soit) vrai que vous lisiez beaucoup, vous apprendriez beaucoup de choses.*

Le mot (*or*) vient du latin *hora*, heure, d'où l'on a fait *hor — or*. Il est employé pour (*à cette heure, à-présent, dans ce moment*).

Donc est un mot qui dérive aussi de la même langue. *Sicard* l'analyse de la manière suivante :

LATIN.	FRANÇAIS.
De undè venit quod.	De cela vient que.
De—un—venit -q.	De là vient q.
D—on—c.	D'où vient q.
Donc.	Donc.

(Donc) est en conséquence l'équivalent des mots *de là vient que.* La lettre *c* remplace le *q*, dont la prononciation est la même dans cette circonstance.

Faisons usage de la traduction de ces mots dans une analyse.

> *Tout ce qui pense existe.*
> *Or, je pense,*
> *Donc j'existe.*

Tout ce qui pense existe. — (*Or*) je pense, ou bien je pense *à cette heure, à présent, dans ce moment,* au lieu de *or,* (*donc*) ou bien, *de là vient que* j'existe.

XI.

DES COMPARATIFS

ET DES SUPERLATIFS.

Tous les adjectifs peuvent exprimer les qualités, ou simplement ou avec comparaison, ou comme portées à un très-haut degré : de là trois degrés de qualification ou de signification dans les adjectifs : le *positif,* le *comparatif* et le *superlatif.*

Le *positif* n'est autre chose que l'adjectif même, comme *beau, belle, agréable.*

Le *comp ratif,* c'est l'adjectif avec comparaison. Quand on compare deux choses, on trouve que l'une est ou supérieure à l'autre, ou inférieure à l'autre, ou égale à l'autre.

De là trois comparatifs, savoir : 1° *de supériorité;* 2° *d'infériorité;* 3° *d'égalité.*

Nous avons, comme dans presque toutes les langues, trois adjectifs qui expriment seuls une comparaison, comme *meilleur,* au lieu de *plus bon* qui ne se dit pas; *moindre,* au lieu de *plus petit; pire,* au lieu de *plus mauvais.*

L'*Adjectif* est au *superlatif* quand il exprime la qualité dans un très-haut degré ou dans le plus haut degré. Pour former ces superlatifs, comme on le sait, on met *très* ou *le plus* devant l'adjectif : comme *la rose est une très-belle fleur;* et alors le superlatif s'appelle *absolu,* parce qu'il marque un très-haut degré de la qualité de la rose sans comparaison ; ou *la rose est la plus belle des fleurs* ; et ce superlatif est *relatif*, parce que dans ce cas il marque le plus haut degré de la qualité de la rose avec comparaison.

Le mot ou l'adverbe (*très*) qui figure dans le superlatif absolu vient du latin (*ter, trois fois*). Ce mot semble avoir été choisi pour abréger la triple répétition de l'adjectif, comme cela se pratique dans la langue hébraïque.

Ainsi, le superlatif absolu *très-saint* marque le troisième degré ou le plus haut degré de l'adjectif *saint* sans comparaison.

Les Hébreux l'expriment de la manière suivante :

Kadosch, kadosch, kadosch,
que les Latins ont traduit par

sanctus, sanctus, sanctus ;
et nous par

saint, saint, saint ;

Ce qui veut dire : *trois fois saint* ou *très-saint.*

XII.

A l'instar des Hébreux, nous exprimons encore le superlatif de plusieurs manières.

Exemples :

1° Avec deux noms mis en construction :

O vanité des vanités ! ce qui veut dire : *ó extrême vanité* ou *vanité extrême !*

Le roi des rois pour *le roi très-grand* ou *le plus grand des rois.*

2° Avec l'adjectif accompagné de la préposition *entre.*

Vous êtes bénie entre toutes les femmes.

Ce qui veut dire : *Vous êtes la plus bénie de femmes.*

Il existe encore dans la langue française des superlatifs qui sont exprimés par des adverbes d'exagération ou des locutions augmentatives, telles que *extrêmement, infiniment, tout-à-fait,* etc.

EXEMPLE :

Louisa est extrêmement bonne. Cela signifie que *Louisa est bonne au suprême degré,* ou ce qui revient au même, *à l'extrême.*

En traitant de la matière de la proposition, il nous restait encore à faire connaître ce qu'on entend par *attribut essentiel* et par *attribut accidentel.*

Un passage que nous empruntons aux auteurs de la *Philosophie de Lyon* suffira pour donner une idée exacte de ces deux attributs.

On envisage, disent ces auteurs, diversément les *attributs* Ceux qu'on ne saurait séparer de leur sujet sans le détruire ont été appelés *essentiels*; et on a donné le nom d'*attributs accidentels* ou simplement d'*accidens* à ces modes qui peuvent être séparés d'une chose, sans que pour cela elle soit détruite.

Les attributs essentiels diffèrent dans le même sujet selon la manière dont on l'envisage, c'est-à-dire, dont on le détermine, tous les attributs étant essentiels dans un sujet bien déterminé.

En considérant une *boule d'or*, et en ne faisant attention qu'à ceci, savoir : que c'est un corps, ses attributs essentiels seront *l'étendue et l'impénétrabilité, et toutes les autres qualités communes* à tous les corps. Pour ce qui qui regarde la figure et les propriétés de l'or, ce ne sont dans le cas dont il s'agit que des accidens.

S'il est question d'un *corps sphérique*, la figure ronde devient aussi un attribut essentiel, sans lequel un globe d'or ne serait plus un corps sphérique.

Si la chose qu'on examine est déterminée à tous égards, on ne pourra rien ôter de ce qui la détermine sans la changer. C'est pourquoi, dans ce cas, tout attribut est essentiel.

Nous ferons remarquer, à l'occasion de ce qui vient d'être dit par rapport aux attributs, qu'il n'est pas moins utile de bien saisir la différence qui existe entre le *substantif* ou *nom physique*, et ce qu'on appelle *mots abstraits* ou *métaphysiques*.

Tout mot qui sert à exprimer *une substance, un être* ou *une chose quelconque* susceptible d'affecter nos sens, c'est-à-dire, capable de nous faire éprouver quelque sensation par l'organe, soit *de la vue, de l'ouïe, du goût, du tact* ou *de l'odorat*, est un *substantif* ou *nom physique*.

Substantif vient du latin *sub-stare* (être au-dessous). Ce mot a été bien choisi pour spécifier la *substance* des choses, qui nous est toujours cachée, puisqu'il est vrai que ce n'est qu'au moyen de leurs attributs qu'on peut distinguer une substance d'une autre.

Ainsi, à l'exception du *substantif* ou *nom*

45

physique, tous les autres mots dont on fait usage sont des *mots abstraits* ou *métaphysiques*.

EXEMPLE :

Charles est d'une docilité rare.

Le sujet *Charles*, dans cette proposition, est un *substantif* ou *nom physique*, et tous les autres mots qui l'accompagnent sont des mots *abstraits* ou *métaphysiques*.

Il y a dans les noms des *augmentatifs*, c'est-à-dire des particules, des terminaisons qui en augmentent le sens ; ainsi que des *diminutifs*, c'est-à-dire des terminaisons dans les mots qui contribuent à en diminuer ou à en adoucir la force.

Ainsi *Charlemagne*, qui signifie *Charles-le-Grand*, est un augmentatif de Charles ; et *Charlot*, qui est l'équivalent de *petit Charles*, est un diminutif du même nom.

La langue française, sans être très-riche de ces *noms composés* qui ajoutent tant de force et prêtent un si grand charme au discours, en possède encore un très-grand nombre.

Ainsi, l'on dit souvent : *un enfant* (*d'une figure d'ange*), pour (*un enfant charmant*).

C'est (*une belle figure d'homme*), pour *c'est* (*un bel homme*).

Il est (*sans pitié*), pour *il est* (*impitoyable*), etc.

Les *Homonymes* (en grec : *mots pareils*), c'est-à-dire les mots qui se prononcent de même, ou à-peu-près, mais qui s'écrivent différemment, abondent dans notre langue.

Ceint, *ceins*, d'une ceinture ; *cinq*, exprimant la réunion de cinq unités ; *sain*, adjectif, qui est en bon état ; du *sain-doux*, graisse de porc ; *saint* ou *sainteté*, pur ; le *sein* de la terre, etc. ; *seing*, signature ; sont, comme on le voit, des *homonymes*, c'est-à-dire des mots dont la prononciation est à-peu-près la même, et qui ne se distinguent que par la manière dont ils sont orthographiés ou écrits.

Il existe encore dans le langage d'autres figures de mots (appelées tropes), qui consistent à employer des mots pour d'autres mots, et d'autres, au contraire, qui ne dépendent que du tour qu'on donne aux pensées, et qu'on appelle pour cela figures de pensées.

Exemple :

Au nom du Pinde et de Cythère
Gentil-Bernard est averti
Que *l'art d'Aimer* doit samedi
Venir souper chez *l'art de Plaire.*

Mais ce serait trop étendre le cadre de notre ouvrage que de les énumérer et de les faire connaître. Nous renverrons à la Rhétorique, qui traite plus spécialement de ces différentes figures et de tout ce qui est du ressort de l'art oratoire et de la poésie ; c'est - à - dire du langage considéré comme mixte et comme agréable.

DES PROPRIÉTÉS

DE LA PROPOSITION

ET DE SES DIVERS USAGES.

Tout ce qui a été dit précédemment sur la forme et sur la matière de la proposition se rapporte également à la grammaire et à la logique.

Nous ferons remarquer néanmoins que la proposition logique diffère de la proposition grammaticale, autant que la proposition elle-même diffère de la phrase.

Il n'y a jamais plus de trois parties dans la proposition logique, qui sont le *sujet*, le *verbe* et l'*attribut*; tandis que les parties de la proposition grammaticale sont toujours en nombre égal avec les mots qu'elle contient.

La Phrase consiste dans les divers changemens qu'on fait subir à la construction des mots; et on peut, en général, la subdiviser en autant de propositions qu'elle renferme de verbes à un mode autre que l'infinitif.

Pour ce qui regarde les propriétés de la proposition, nous comprendrons, 1° sous la dénomination de *propriétés absolues* d'une proposition, *sa quantité* et *sa qualité*; 2° et nous appellerons *propriétés relatives* celles qui sont fondées sur la *conversion* ou sur l'*opposition* des propositions.

Considérées sous le rapport de leur quantité, c'est-à-dire de l'étendue de leur sujet, on distingue quatre espèces de propositions: 1° *la proposition générale* ou *universelle;*

2° *la proposition particulière ;* 3° *la proposition singulière ;* 4° *la proposition indéfinie.*

La *qualité* d'une proposition est d'être affirmative ou négative, vraie ou fausse.

Il y a *conversion* dans une proposition toutes les fois qu'étant renversée, l'un de ses deux termes remplace l'autre, *et vice versâ;* et l'on donne le nom d'opposition au sens évidemment opposé que présentent les *propositions contradictoires* ou *contraires.*

Selon l'emploi que l'on en fait, la proposition reçoit diverses dénominations. Nous ferons connaître les principales :

1° *Définition.* C'est une proposition qui explique la nature d'une chose, et ce qu'il y a d'obscur ou d'inconnu dans un mot.

2° *Principe.* C'est une proposition qui renferme une vérité générale d'où découlent, comme de leur source commune, plusieurs vérités particulières.

3° *Division.* C'est le nom que l'on donne à la proposition dont on se sert pour diviser un tout en ses différentes parties.

4° *Axiome.* C'est une proposition qui renferme une vérité évidente par elle-même.

5° *Théorème.* Cette expression, fréquemment usitée dans les sciences mathématiques, signifie une proposition qui exige une démonstration pour rendre une vérité sensible.

6° *Problème.* C'est une proposition qui présente une question à résoudre.

7° *Corollaire.* C'est le nom que l'on donne à une proposition qui est la conséquence d'une ou de plusieurs autres.

8° *Hypothèse.* Ce nom signifie une proposition qui établit une supposition.

ANALYSE LOGIQUE

Et application des préceptes que nous avons donnés.

EXEMPLES :

Démosthènes était éloquent.

Proposition singulière et simple, affirmative et vraie.

| Démosthènes était éloquent. | sujet simple et incomplexe.
verbe abstrait ou substantif.
attribut accidentel. |

L'Afrique n'est pas peuplée.

Proposition singulière et complexe, négative et vraie.

(L') ou (la) Afrique	sujet simple et incomplexe.
n' ou (ne) est	verbe abstrait précédé de la négation.
peuplée	attribut accidentel et complexe à cause de *pas*, qui indique qu'il y a ellipse ; c'est comme si l'on disait que l'*Afrique n'est peuplée* que de l'étendue d'un pas ou que comparativement à l'étendue d'un pas.
pas.	

Le cercle est une figure.

Proposition simple et indéfinie, parce que l'attribut ne détermine pas la manière d'être du sujet ou la nature du cercle.

Quelques tribus indiennes ont déclaré la guerre aux Américains l'an dernier.

Proposition particulière et complexe, affirmative et fausse.

Quelques tribus indiennes ont déclaré	sujet complexe et pris selon une partie de son étendue. verbe attributif et doublement relatif.
la guerre aux Américains l'an dernier.	attribut complexe formé du complément direct *la guerre*, du complément indirect *aux Américains*, et du complément circonstanciel de temps *l'an dernier*.

Tout corps est étendu.

Proposition universelle et complexe, affirmative et vraie, parce que son sujet est pris selon toute son étendue, et qu'il est modifié par l'adjectif qui le précède. De plus, le mot *étendu* est un attribut *essentiel*, parce que l'étendue est une propriété essentielle des corps.

Les Grecs et les Romains firent de grandes conquêtes.

$$\text{Les Grecs et les Romains firent de grandes conquêtes.} \left\{\begin{array}{l}\text{sujet composé et incom-plexe.}\\ \text{verbe attributif et transitif.}\\ \text{attribut accidentel et com-plexe.}\end{array}\right.$$

Cette proposition est *particulière* par rapport à l'étendue de son sujet ; *composée* et *copulative,* parce que son sujet est joint par la conjonction copulative *et*; *complexe* à cause que son *attribut* et son *complément* sont *modifiés;* enfin elle est *affirmative* et *vraie,* 1° parce qu'elle affirme que l'attribut convient au sujet ; 2° et qu'elle fait connaître son double sujet comme il était véritablement.

Vous êtes bon.

Vous ne l'êtes pas toujours.

Vous ne l'avez jamais été.

Les deux premières propositions, dans l'exemple qui précède, sont *contradictoires ;* et la première et la troisième sont *contraires,* parce que dans celles-ci l'une dit plus qu'il ne faut pour détruire ce que l'autre établit, et que dans celles-là l'une ne dit précisément que ce qu'il faut pour réfuter l'autre.

Pour ce qui regarde les fonctions de la proposition, nous nous bornerons à ne donner que deux exemples : l'un relatif à la définition de chose, et l'autre à la définition de nom·

Exemple de la définition de chose :

J. F. Perrard, qui a publié un excellent traité de philosophie, a donné la meilleure définition de la logique. Elle tire son nom, dit-il, du mot grec *logos* (discours, parole), et peut être définie :

Une science pratique qui dirige les opérations de l'esprit.

1°. Il l'appelle *science*, parce qu'elle démontre par des argumens invincibles les règles qu'elle prescrit; 2°. *science pratique*, puisqu'elle ne se borne pas seulement à la contemplation, à la vue d'un objet, mais qu'elle donne en outre des règles propres à nous conduire à la connaissance de cet objet en lui-même et des rapports qu'il peut avoir avec les autres objets; 3°. par *les opérations de l'esprit* que dirige la logique, il comprend : *l'idée, le jugement, le raisonnement* et *la méthode,* qui sont les quatre opérations mentales dont traite cette science. Car c'est elle, ajoute-il, qui nous ap-

prend à bien faire nos idées, à découvrir leurs
véritables rapports ou leur opposition réelle ;
c'est-à-dire, à juger avec certitude , à raison-
ner avec justesse , et à mettre de l'ordre soit
dans nos idées, soit dans nos jugemens, soit
enfin dans nos raisonnemens.

On voit par ce qui précède que la définition
de la logique, telle que Perrard l'a donnée ,
est exacte , puisqu'elle réunit toutes les con-
ditions pour qu'elle soit bonne ; c'est-à-dire ,
1° *qu'elle est claire* , 2° *courte*, 3° *réciproque*,
4° et enfin composée du *genre prochain* et de
la différence la plus propre.

EXEMPLE DE LA DÉFINITION
DU NOM.

Je suppose qu'on veuille savoir ce qu'on
entend par le mot *homme* : nous pourrions
dire d'abord que cette expression a été choisie
pour désigner l'être ou plutôt l'animal doué
de la *rationalité* ; mais cette expression, dans
notre langue, présente assez souvent un sens
obscur pour ceux-là même qui savent que ce
mot est dérivé du latin *(homo).* Il serait dif-
ficile, en effet, de connaître la signification

réelle de ce mot, sans remonter à son origine, à sa formation. Le génitif d'*homo*,—*hominis*, se compose des mots : *humi*,—*natus* (*né de la terre*). L'expression d'*homo* (homme), signifie donc *celui qui est né de la terre*. Le sens de ce mot est le même que celui d'*Adam* dans la langue hébraïque.

Les personnes qui aspirent à faire des progrès dans la langue, doivent s'attacher à faire le plus souvent possible, et alternativement, des analyses logiques et grammaticales. Ce double travail joint, à l'avantage de les accoutumer à des jugemens certains, en exerçant de bonne heure leurs moyens intellectuels, celui de les familiariser en même temps avec les règles du langage et le véritable emploi des mots.

Nous allons terminer par un exemple de cette double analyse.

ANALYSE LOGIQUE.

Clarke écrivit plusieurs lettres, pendant la campagne de Moscow, à Rosalie, votre amie et notre parente; proposition singulière et complexe, affirmative et vraie.

Clarke écrivit plusieurs lettres à Rosalie ,
proposition principale ou directe ;
(*qui était*) *votre amie ,* première proposition
incidente, accessoire ou indirecte ;
et (*qui était*) *notre parente ,* deuxième proposition indirecte ;
pendant la campagne de Moscow , proposition circonstancielle et de temps.

ANALYSE GRAMMATICALE.

Clarke	substantif ou *nom physique* et nom propre, masculin singulier, sujet de la proposition principale.
écrivit	3ᵉ personne singulière du prétérit défini du mode de l'indicatif du verbe attributif et doublement relatif *écrire ,* de la 4ᵉ conjugaison.
plusieurs	adjectif partitif et indéfini, et invariable pour le genre et le nombre.
lettres	substantif ou nom physique et nom commun ou appellatif, féminin pluriel, complément direct du verbe attributif et doublement relatif *écrivit.*

à	préposition simple marquant le terminatif de l'action.
Rosalie,	substantif ou nom physique et nom propre féminin singulier, complément indirect du verbe attributif et doublement relatif *écrivit.*
qui	pronom relatif et conjonctif; mot invariable pour le genre et le nombre; sujet de la première proposition incidente.
était	3ᵉ personne du singulier de l'imparfait de l'indicatif du verbe abstrait *être.* 4ᵉ conj.
votre	adjectif possessif modifiant l'attribut; au singulier; invariable pour le genre.
amie	nom abstrait et commun, attribut de la proposition; du genre féminin, du nombre singulier.
et	conjonction copulative.
qui	pronom relatif et conjonctif, invariable pour le genre et le nombre, sujet de la deuxième proposition incidente.

était	3e personne du singulier de l'imparfait de l'indicatif du verbe abstrait *étre.* 4e conj.
notre	adjectif possessif, modicatif de l'attribut; au singulier; invariable pour le genre.
parente,	nom abstrait et commun, attribut de la proposition; du genre féminin, du nombre singulier.
pendant	préposition marquant le temps, l'époque.
la	article défini féminin singulier.
campagne	substantif métaphysique ou nom abstrait féminin sing., complément de la préposition précédente. Ce mot signifie le temps pendant lequel les troupes françaises étaient en mouvement pour se rendre à Moscow.
de	préposition simple marquant la possession, la propriété, le rapport de dépendances.
Moscow.	substantif ou nom physique et nom propre, invariable pour le genre et le nombre, complément de la préposition précédente.

OUVRAGES

DE

M. L. BEZOUT,

Ancien Membre des Sociétés Asiatique et de Géographie, ex-maître de pension de l'Université, de l'Académie de Paris, et Élève de l'École royale et spéciale des Langues Orientales, et de celle des Chartes, qu'on trouve chez les libraires dont l'adresse est indiquée ci-dessous.

Géographie astronomique et physique, avec la traduction en grec moderne, les quatre parties réunies en un volume in-12, édition 1825, demi-reliûre. PRIX :   5 f.

Chez Dondey-Dupré père et fils, libraires de la Société Asiatique de Paris et de celle de Londres, rue de Richelieu, n° 47 *bis*, à Paris.

Sentences morales du philosophe indien Sanakea, mises en français d'après la traduction grecque du philosophe Démétrius Galanos, conforme au manuscrit samscrit déposé à la bibliothèque du Vatican, par le capitaine N.

Kiefala, de Zante, suivies de la traduction
italienne de ce dernier. In-18 broché. Prix :

1 f. 75 c.

Chez Dupont, Hôtel des Fermes ,
  Goujon , rue du Bac, n° 36 ,   } à Paris.
  Louis Colas, rue Dauphine, n° 32 ,

12ᵐᵒ. Board-price :   1 f. 50 c.

*A Voyage through the Departements of
Gironde and Lot-et-Garonne*, or *a Guide to
the City of Bordeaux and its neighbourood ,
including* geographical and historical details,
relative to every city, town, borough, parish
gentlemen's seat, and village situated on the
banks of the Garonne; with an account of the
posts, stage-coaches, sailing and steam-packets,
etc. ; which will be found useful to strangers
and travellers, who may visit that delightful
part of southern France ; written in french ,
and sold by

Mr. Brossier, libraire , rue Royale, n° 13, à Bordeaux, dé-
partement de la Gironde.

Tableau géographique en une feuille. Prix :

1 f.

Ce tableau présente des figures coloriées et
contient les définitions de tous les termes géo-

graphiques relatifs aux divisions terrestres et à celles des eaux. A l'aide de cet ouvrage on peut se dispenser de maître, et apprendre parfaitement ce qui en fait la matière en une seule lecture.

Le même, en anglais et en grec moderne. Chacun séparément. PRIX :   1 f.   5o c.

Chez les mêmes libraires indiqués ci-dessus, et chez Griset aîné, et J. Le Roy, imprimeur, à Boulogne-sur-mer, Pas-de-Calais.

NOTA. Le présent ouvrage intitulé *Traité du langage et de la proposition en particulier*, se vend broché 1 f. 75 c., et se trouve chez tous les libraires dont nous avons donné l'adresse dans cette note, ainsi que chez Truttel et Wurtz, libraires à Londres, n° 3o, Soho-Square.

Plusieurs Cartes géographiques faisant partie de l'histoire des Siècles de la Monarchie française, avec le texte. Chaque livraison,   22 f.

Chez M. J. J. Jorand, rue du Faubourg-Montmartre, n° 43.

POUR PARAITRE INCESSAMMENT :

Résumé de la Statistique des différentes

contrées du globe; imité de l'anglais, en tableaux, formant un vol. in-8°.

Un nouveau traité de géométrie et de l'art de lever les plans, etc., ou *Nouveau Guide du Géomètre.*

L'auteur, dans cet ouvrage, se propose de mettre les élémens de la géométrie à la portée de toutes les intelligences, de faciliter les calculs et les opérations que l'on peut faire dans la pratique; il indiquera en outre l'usage des différens instrumens pour opérer sur le terrain, et la manière de lever un plan quelconque, et d'en calculer l'étendue avec la même exactitude et la même précision, sans employer leur auxiliaire.

FIN.

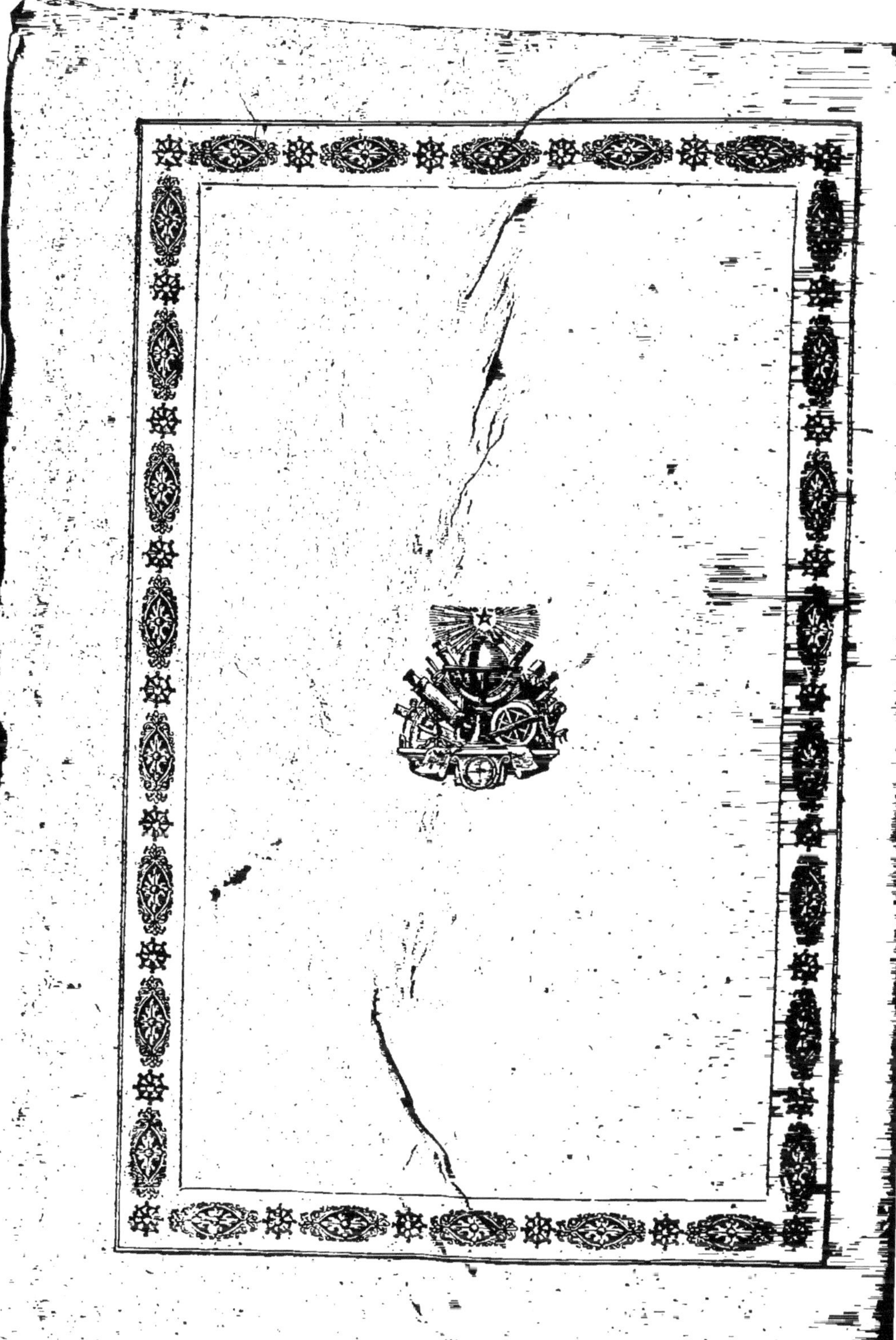